LA INQUIETUD DE LAS FLORES

LA INQUIETUD DE LAS FLORES

Isabel Fernández Bernaldo de Quirós

© Añil desarrollo gráfico, S.L.
Mahalta ediciones es un sello editorial de Añil desarrollo gráfico, S.L.
www.anil.es
www.mahalta.es

Primera edición: marzo 2024

ISBN: 978-84-128188-5-7
Depósito Legal: CR 93-2024

Impreso en España
Diseño y maquetación: Añil desarrollo gráfico, S.L.
Impresión: Safekat, S.L.

LA INQUIETUD DE LAS FLORES:
LA PRESENCIA DE LO ESENCIAL

¿Por qué las flores se inquietan en sus paraísos de color y de vida? ¿Por qué en el mundo de esa belleza la inquietud se transforma en noche, en instante oscuro, en impenetrable silencio, en vacío de corola secreta?

Sucede siempre con la vida vivida desde el fondo de la realidad en la que habitamos. Y nos sorprende, con frecuencia constante, cómo la poesía puede llegar a habitar tan honda que no deje ni un resquicio para dudar de esa inmensa necesidad de decir, de emocionar, de fructificar donde las palabras buscan su destino más libre.

Esto nos sucede con *La inquietud de las flores*, con este intenso e inmediato universo que estos poemas nos ofrecen con secreto misterio desde la última orilla del ser. Y es en esta gran verdad donde los versos son como lacerantes instantes de la mirada de una mujer en el espejo secreto y extraño de la palabra germinativa.

No es posible otro destino para un creador que saberse inmerso en la materia carnal de las palabras, de la presencia de los poemas en el territorio de la construcción de un mundo en libertad, en tan subjetivo abismo.

Y he aquí que la inquietud de las flores son las encargadas de inquietarnos a quienes nos acercamos al jardín donde la escritura de Isabel Fernández Bernaldo de Quirós se pasea con los ojos abiertos, con la memoria de par en par, con los días vividos y la secuencia infinita de su labor poemática, ardua y renovada hasta transformarse en esencial.

Palabras como raíces prendidas en el terreno de la armonía: infancia, sueño, amor y comunicación desde el lado más claro del corazón, maternales caricias y sueños por reconvertir en nuevos paraísos: aquí fructifican y se construyen los poemas, con las emociones plantadas en un lenguaje que ha necesitado ir desnudándose, alejándose de grandes cuestiones y complejos significados.

El valor conseguido, en todo lo que este poemario esconde, se convierte en un guiño inteligente, sutilísimo, exacto en su eficacia y en el renovado hallazgo de cada verso.

Sucede que, como Emily Dickinson resolvía en sus genuinos poemas, este libro busca también el desarrollo de una mirada que sepa escoger, en el territorio de la naturaleza, el lenguaje que en su ocultamiento esconde la vida secreta de sus límites más profundos, la audacia que plantea la vivencia en la armonía y en la necesidad de crear, de conformar un universo personal, una voz propia que sepa pronunciar lo que el mundo la ofrece.

Hay un momento cumbre de emoción y de significado, secretamente al filo de la palabra líquida del silencio, presente en uno de sus muchos hermosos poemas: el texto «Paradisum», en el que la noche asume el protagonismo de la oscura presencia en un invierno que, con los bolsillos vaciados por la ruptura que les desampara de todo secreto, elige la rosa para sembrar la quieta paradoja de lo efímero y lo eterno, contemplada por el pájaro que se aqueja en su dolor y que asume su prioridad en la elevada sensualidad del vuelo.

Acontece en el devenir de la poesía que lo que parece que debe decirse se esconde tras los muros donde el verso enreda su naturaleza en las ramas de la plenitud de las imágenes, a modo de un bosque en el que la luz solo puede dejarnos ver la proximidad, ocultándonos el resto que, en suave presentimiento, va surgiendo en cada una de sus sílabas, en cada momento y en cada golpe de emoción.

La poeta, sabiamente, impone su propio ritmo de ternura perpleja, de absorto sentir, encaminándose desde la altura del lenguaje asombrado hasta la máxima desnudez de lo que no puede ser ya más reducido, mundo de esencias y de vivencias.

La poesía entonces se hace necesaria, presente en toda su quietud, muda en todo su diálogo con el lector, y le deja solo frente a la sustancia de sus pensamientos, de sus modos tan inmensos de alumbrar una idea, asomándonos al precipicio de la melancolía y de la luz que ilumina nuestros descubrimientos en cada poema.

Las flores son la caricia de la búsqueda, la pisada en los caminos de adentro, el sosiego que se predispone a cerciorar su verdad tan inquietante. Se ha naufragado en la memoria, en el desván de la conciencia de lo inmediato, en la tristeza de la noche y en el paso dudoso de la muerte. Todo está presente, desde una maternidad que se balancea en las sensaciones hasta el amor que se cumple en las caricias y en el deseo.

Hay un poema de penetrante sabiduría, una de las claves de un momento casi final de esta sinfonía de instantes consumados en la luz de la poemática mirada de Isabel: Mantis, animal de connotaciones tan diversas, monstruo de perversión y secuela de verdad, inflexible intolerante y auténtica matrona de la razón de ser sin tapujos ni victimismos.

> Es un árbol
> con fronda y flores de primavera.
> Es una mariposa azul
> volando las flores blancas de la fronda.
>   (en «Mantis»)

¿No será tal vez lo mismo que un poema, si permutamos el fanatismo por la necesidad obsesiva de ser parte de la esencia del inocente lenguaje que es atravesado por la búsqueda sin fin de lo que aparentemente es o puede ser?

Creo que la grandeza de un poema es la multiplicidad semántica, la capacidad sugeridora, la diversa manera de ser comprendido. Y si en este poema partimos de una clara realidad por todos reconocible, también podemos llegar hasta donde queramos en los vericuetos de sus senderos habitados por cada lector... También el poema mata al inocente que se acerca para sentir el venenoso placer de la belleza, lo terrible que decía Rilke, lo que es en apariencia el sol y en su quebranto es la noche.

A mí me sugirió una verdad que comparto como tremenda inquietud (la doctrina absurda del fanatismo) y una verdad que añoro (la víctima de la grandeza inmaterial de la poesía), y esa mantis del árbol, la flor, la mariposa y el exhausto que añora la paz, es también el temblor generoso de una insondable serenidad del alma. Paradoja de amor.

Las flores dejarán de inquietarse cuando la calma de la brisa fulgure el alma con su dibujo inocente sobre el lienzo insondable del lenguaje, de la transparencia, de la renovación de la experiencia: solo desde este conocimiento, que la memoria de la poesía enciende, como ahora, como en la búsqueda que estos poemas consiguen acaparar en su interior bodega, solo entonces la necesidad de la escritura habrá reflejado, en su total grandeza, el silencio escondido y meditado de la palabra fundadora.

JOSÉ MARÍA MUÑOZ QUIRÓS

La vida es el secreto más delicado.
Mientras ella dure, nuestro deber es susurrar.
EMILY DICKINSON

SE TRATA DE LA VIDA

Silencio. En él,
la inquietud de las flores de noviembre.

Un aire desnudo desafía
el laberinto de luz
y tiemblan los cimientos de la existencia.

                           Un hombre.
Y una mano de mujer
lamiendo su piel húmeda y herida.

                La noche está de paso.
                Reza el alba en sus venas.

Alborada

Atrás queda el misterio.
Despierta. Todo está ahí de nuevo. No hay secreto.
María Zambrano

No conozco otoño sin memoria.
Pureza Canelo

Magnificat

Cuando la belleza es cualidad propia.

Cuando la mirada se detiene
y de la contemplación nace el asombro.

Cuando lo ínfimo es símbolo de grandeza inexplicable.

Cuando se ora ante una flor,
paisaje, roca, animal, célula, mitocondria.

Cuando en su polifonía descubres a dios.

DICHA

Qué enorme dicha
contemplar lo nacido:
el Ser, el alba.

QUERENCIA

Mixtura
de algas, niebla y salitre
en la piel de su querencia.

Orillada al mar
una mujer suspira
mientras recoge diminutas conchas.

Quiere llenar su bolsillo
de eternidad.

DESDE LA CUMBRE

Ir más allá.
Alcanzar la cima,
temblar.
Respirar asombros,
superar.
Estar en ninguna parte
y abrazar el todo.
Encontrarse con el rostro del silencio
reflejado en la existencia.

Sentir.

PRELUDIO

Aire de seda.
La niebla,
ceñida al cuerpo de la tierra,
brota del río.
Agua de hojas.

El rostro de la mañana
hunde su mirada
en la impenetrable luz del silencio.

¿Qué dios aquí?

A LA SOMBRA DEL MAR

Una araña en el tallo de una flor
vigila inmóvil su nido acróbata.
Lo hace encogida,
como si en lugar de una araña
fuera una cosa.

Como yo,
acurrucada en mi silla
y a la sombra del mar que me ampara.

Hay un intenso olor a azahar.
El viento, de poniente.

ORATORIO

Rubor del cielo
en los surcos que el mar
ha esculpido sobre el rostro de la arena.
Atracción fugaz.

Efímera metáfora del tiempo
este ángelus vespertino.

Silencio. Silencio.
La noche reza conmigo.

SEGÚN LOS DÍAS

Contar
los pliegues de la duna,
las olas que llegan a la duna,
los lirios que brotan en la duna,
las gaviotas que sobrevuelan la duna.

Contar
y no tener conciencia
de mi yo en mí.

Al otro lado del mar y de la memoria.
En calma el espíritu.

DELIRIO

El aura de una farola
descubre el recogimiento de la noche.

Delirio:
abrir la ventana
al aire calmo de la niebla,
respirar su plenitud,
beber su silencio,
extender mis manos
y dejar que mi cuerpo lo penetre.

Cuando la oscuridad transciende
y abre camino a la aurora.

CONCIERTO Nº 3 DE RACHMANINOV

Los copos de nieve
diseñan visillos blancos
en los cristales.

Cierro los ojos.
Escribo.

La melancolía
conjuga palabras y anhelos,
el espíritu de Rachmaninov
me acompaña.
Juntos recorremos
el camino emocional
donde enraízan
origen,
belleza,
pasión
y virtuosismo.

En la memoria de sus manos,
las notas de mi vida.

ESENCIA

Escucho a mi madre nonagenaria
interpretar al piano
La priere d'une vierge.

Emoción contenida.
Oración sublime.

Con ella,
el aura de la música
y la esencia
de sus dieciséis años.

Tan frágil ahora.
Tan fuerte.

Madre

*Mi madre siempre estaba
en el exacto lugar de la ternura.*
José María Muñoz Quirós

Qué aroma de amor tu nombre, madre.
Rocío en mis ojos secos
cada imagen tuya que florece en mi memoria.

Un reloj sin manecillas
anuncia mi vuelo.

Quiero la eternidad contigo, madre.
¿Cuál es tu mundo ahora?

Maternidad

No hay lugar para tanto amor en la palabra.

FOTOGRAFÍA

Contemplar la sonrisa desdentada
de mis hijos
y robarle un manojo de alegría
a la memoria.

CESURA

Abrazada a la luz
mi mano roza las flores.
En el caos del dolor,
la escarcha se desvanece entre los dedos.

Almizcle el alba.

Débilmente,
        débilmente,
el sufrimiento se hace olvido.

Cesura la vida.

SUPERACIÓN

Las notas de la partitura
sonido-vida
con el paso del tiempo
fueron borrándose.

Tan solo tú, aire quieto,
conoces los enigmas de mi canto
y la nota sostenida

      superación

garabateada en el pentagrama
de mi existencia.

Acorde de luz:
la eternidad, hoy.

ANHELO

Estar contigo,
tierra verde empapada de otoños.

Darte la mano
y hacer el camino
colmada de ti.

Acariciar tu aire,
gozar del aroma que me salva.

Amarte.

Y ser ceniza y humus contigo.
Aquí, en el origen.

NADA PERDIÓ SU NOMBRE

La siento.
Es la calma de este monte familiar.
Su savia fluye
por los vasos de mi cuerpo.
Biografía escrita
en el color de su cielo,
en sus pastos,
en los manzanos en flor,
en el cerezo, tan alto,
que ya no trepa por él la infancia
sino las nubes y los pájaros.

Y en la casa
—hogar primero—
tan cuidada, siempre de domingo,
visillos de encaje y percal,
y mecedoras que dormitan en el corredor
con la suave brisa del valle.

Alguien ha hecho lumbre en la cocina.
Qué aroma entrañable
las piñas en su despertar.
Bajo la sombra del recuerdo
me siento protegida.

Nada perdió su nombre.

LUNARIA

De seda el fruto.
Y en su nácar de luna
iris de infancia.

Regresar

¡Benditos seáis, sueños de infancia,
me ocultabais las miserias de la vida!

Friedrich Hölderlin

Regresar
a los territorios de la niñez
y a las palabras escritas
en cuaderno de rayas y torpe caligrafía:
calle
      juegos
            verano
                  candor
                        libertad
                amigos
          montaña
    familia
paraíso.

Regresar
para sentir el albor de la vida.

Un columpio

Un columpio entre cerezos.

La niña que se balancea
quiere alcanzar las nubes.
En su afán,
abre los brazos al cielo.
Se siente
golondrina en vuelo
y ríe
cuando al caer
rueda por la ladera del monte.

En sus manos:
cerezas, campanillas,
y una nube de algodón.

CANCIÓN EN TRES TANKAS

Afuera llueve.
La niña abre el paraguas
en el salón.
Se protege del agua
que imagina caer.

La niña ríe.
Salta sobre los charcos
y está descalza.
Siente el frescor y el tacto
del agua que imagina.

Los padres ríen.
Despliegan su paraguas
y están descalzos.
Quieren sentirse niños
mientras afuera, llueve.

SONATINA

Un jardín de ranúnculos
viste al arroyo de verde-blanco.

La luz de abril trasciende
y da nombre
a las piedras y a los seres
que habitan en la sombra del agua.

En sus orillas,
un niño lanza guijarros:
     saltan dos ranas,
     vuelan abejas,
     huyen zapateros,
ante la indiferencia del agua.

El niño no ceja.
     ¡Plof! su cuerpo.
Arpegio de risas su voz:
¡círculos en el jardín!

Su sueño, vestido de verde-blanco.

La flor

Me detengo ante la flor.
No es como otras de su especie.
Ha crecido
en un muro de lagartijas
con la mirada puesta en el horizonte del asfalto.

Su línea de sombra
atraviesa la acera.
Por ella desfilan hormigas
que apuran su paso hasta la corola,
recorren el perfil de sus pétalos
y giran con la insistencia de quien conoce
la fugacidad del tiempo.
En un instante el sol desdibujará la sombra
y, con ella, sus destinos.

—*¿Y la flor?*
—Inmutable.
—*¿Sabe que es diferente?*
—Vive, sin más

PASTORAL

Atrás
las dalias con sus pétalos abrochados
la mosca que no es avispa
y la araña que vigila
Atrás
los gallos con sus egos
los perros que avistan y avisan
y los ojos del gato de siete vidas
Atrás
la anciana que comparte
sus dalias
su duelo
su café
y los ojos del gato que mira

Atrás
el ánima de la niebla
el camino impenitente
y la penumbra de los campos
en los que la aldea se intuye

Atrás
muy atrás
el azogue de la vida
de la que Ella
ahora
no quiere saber.

Crepúsculo

Al final de la tarde
las rosas siguen lentas
abriéndose y cerrándose
sin caer aún en la tierra.
Ernestina de Champourcin

Pensamiento

En el presagio del crepúsculo
se escribe el devenir
del mañana.

¿Será por eso
que tantos seres reverencian al sol
y oran en el ocaso?

DAMISELA

Comprender el dolor ajeno
Aceptar el propio

Y ser damisela de otoño
    ojos de arena
    alas rotas
    tándem en vuelo
       sin saber
            a dónde
              la vida.

INDIFERENCIA

¿Y si callar no fuera suficiente?
FRANCISCO CARO

Todos los días
nace una flor nueva
en los surcos de la soledad.

De sus ascuas, el humo.
Y nadie pregunta.

¿Desde cuándo así?

Desde que él cerró la cancela de sus sueños
y cegó todos sus soles.

Y ella, que a su lado se creía hogar y palabra,
dejó crecer sobre su fe
muérdagos de tristeza que minaron su savia.

¡Yo la vi florecer en primavera!

LA VIDA DE OTRA MANERA

En esa rama de invierno:
una hoja seca y una gota de rocío.

Bastó un instante,
un revoleo de viento,
para cambiar sus destinos.

$$\quad\quad\quad\quad\quad\quad vuela$$
$$\quad\quad\quad\quad vuela$$
$$\quad\quad vuela$$
La hoja de seca
La gota de rocío
$$\quad\quad cae$$
$$\quad\quad\quad cae$$
$$\quad\quad\quad\quad cae$$

Y no es que el destino sea la muerte,
sino la vida de otra manera.

Lirios en abril

Cansancio de lirios en abril
ante la incrédula mirada
de los gorriones.

Ocultar la verdad
es tejer silencios de incomprensión.

Y duele.

Stabat Mater

Se rompe en ella su naturaleza.
La noticia
horada con su filo la memoria.
No hay piedad
ni consuelo
ni palabras.

¡Qué dolor las palabras llenas de vacío!
Se ahoga en suspiros:
¡Aire, aire!

Sin azul, sin flores,
sin mariposas.
Sin el dulce aroma
del color de las cerezas.
En sus ojos de madre,
llanto, solo llanto.

Con el día tan hermoso
que había amanecido...

IMPROMPTU

Nunca pediré perdón
por conservar la esperanza.
CRES SANZ RUIPÉREZ

Mi vejez,
rubor de violetas al sol,
espera.

Como ese adolescente
con una rosa en la mano
y el tímido celofán
que envuelve su amor primero.

Paréntesis

Se asusta el miedo
ante la voz que no escucha
y está.

En el reflejo del cristal
una flor abatida
se afana por vivir.

VIOLA DE AMOR

Viola de amor,
no sé cómo decirte
que la ternura que anhelas
se esconde
bajo los pliegues de tu maternidad.

Acógete a su canto.
En cada una de sus notas
descubrirás
el universo de luz de su tacto prístino.

TRANSMUTACIÓN

Se quebró la rama cargada de frutos.
Llora.

En su algarabía
los gorriones no escuchan su llanto.
Vuelan.
        La vida, en sus picos.

Duda el tiempo

Un pájaro negro
hirió con palabras de sangre
los secretos de su canto.

Duda el tiempo.
¿Olvida el perdón?

Sigue tu camino

Que los demás ignoren tu caída.

Sacúdete el barro del dolor
y pinta con carmín
el pálido rostro de tu noche.

Sigue tu camino
y respira
ese aire límpido del paisaje humano
donde habita la honestidad.

Bajo el manto de nieve

El aliento de la tierra,
la vida,
late muy despacio
bajo el manto de nieve
que cubre el páramo.

Sostenido por la luz de la memoria,
un cardo
exhibe sin pudor
su enardecido cuerpo.

Me llega su voz:
no quiero la muerte por olvido.

AL OTRO LADO DEL ABANDONO

En el altozano pedregoso
que mira al Guadiana sediento,
un coro de voces mudas
hablan a ti,
casa,
paredes escritas
con caligrafía de amor en verso
y el credo *te quiero para siempre.*
       ¿Dónde el poeta?

La encina, seca.
El redil, mudo.
El pozo, sediento.
       ¿Dónde el labriego?

Al otro lado del abandono
un perro de pastoreo
espera.

EL VIEJO BARCO

La luz del faro parpadea
sobre el viejo barco.
Cansado de estar
y de no ser
parece dejarse hundir
mecido por el oleaje.

El cuerpo de su memoria
es una isla hundida
ahogada en harapos.

Él sabe.
Sabe de la finitud de la existencia.

CONTRAPUNTO A DOS VOCES

Los muertos están alrededor de la iglesia
todavía mezclados con los vivos.
MAURICE CARÈME

En la plaza de la iglesia,
de rostro envejecido,
hay dos porterías de futbol.
Los niños que juegan
retan al calor de la tarde
y al silencio del cementerio.

Doblan campanas parvularias.
Procesión de llantos.
Mujeres de negro
y hombres que portan un féretro blanco.
Dos cipreses
y una puerta que gime
aguardan.

Susurros de amor en cada pétalo.
Duelo.
Quejidos de piedra en la despedida.

Los niños siguen jugando: ¡Goool!

Tránsito

Los ojos de la vida
parpadean como semillas
que, ajenas al tiempo y a su destino,
se dejan llevar.

¡No hay viento!

¿Realmente importa?
Inclemente adiós en la ceguera.

Presentimiento

Presentí tu ausencia
—hombre de tierra y cielo—
en el espíritu afligido de las rosas.
Sus pétalos, conmigo.

Si vieras qué tristes
el molino y sus paredes de agua,
el arroyo límpido,
la tierra fértil de tu amado huerto,
la casa que hiciste tan nuestra...

Tu santuario, Pedro,
es hoy templo de la especulación.

Allí donde estés, con el cielo en tu mirada,
descansa en paz.

PARADISUM

Hay en el aire
un desfallecido perfume de rosas
y de lágrimas contenidas.
RAINER MARIA RILKE

La noche,
con sus bolsillos rotos del invierno,
cae sobre la rosa.

Grita el pájaro.
El aire tiembla.

La rosa aún late.
Acuna la tierra su final.

Le pertenece.

EXISTENCIA

Con cada gesto del cielo
la tierra muere y nace con su luz.

Aun así, la humanidad duda
y muestra la geometría
de su frustración
en cada cicatriz de su sombra.

Celaje

Estamos al otro lado
de los sueños que soñamos,
a ese lado que se llama
la vida que se cumplió.
PEDRO SALINAS

Romanza

Trinos de violín al alba
en imaginado paraíso.

Las notas escriben tu nombre, amor.
¿Sientes?

Cómo me gustaría envolverte
en un arrullo de apacible felicidad.

REVELACIÓN

El amor
cuenta estrellas
en la niebla.

AMOR EN LA MEMORIA

Tu tacto en mí.
Te respiro.

Me rindo
al silencio de tu mirada.
A la ternura.
Al vuelo frágil de tus labios
en el aire estremecido de mi piel.
Al agua renovada del deseo
que cincela mi cuerpo.

Qué difícil entonces no amarte
y no ser lugar eterno en mi memoria.

Plenitud

Cuando la vida se maquilla de rosa y es crepúsculo.

LIED

Deja que me pierda
en el remolino de amor
reflejado en el contraluz de tu cielo.

Deja que el susurro de tus labios
penetre en la delicada piel de mis carencias.

Deja que mi boca sacie su sed
en el manantial que te brota y me remansa.

Deja que mi deseo sea origen,
latido de mar,
arena que roza tu cuerpo.

Sobre un lecho de lirios blancos,
te sueño.

SED DE ALBA

Aquí,
en la oquedad
de los corazones perdidos,
solo cabe el ensueño.

Dos amantes
apuran su sed de alba
en el manantial de los recuerdos.

Contraluz

El paisaje de la mañana
se esconde en el contraluz.

Con lágrimas en los ojos
viene la brisa.

¿EN QUÉ MOMENTO?

Alma con alma
—sin credos ni promesas—
quisieron crear
paisajes de amor y entendimiento.
Palabra con palabra
recorrieron caminos
con la cadencia incólume de otros andares.
Cuerpo con cuerpo
nada podría destruir
la férrea unión de sus sueños.

Noviembre y tormenta:
  viento seco,
  cuerpo herido,
fuego en las nubes negras.

¿En qué momento?
¿En qué momento el rayo
abrió la tierra al silencio?
   En sus abismos
se esparcen las cenizas
del amor y los ensueños.

No quiere saber

Súbita floración
en el desierto de su cuerpo.

Aromas, tacto, sonidos y colores
perduran al despertar.

El gozo es su refugio.
Sonríe.
No quiere saber.

SIGUE CONMIGO TU NOMBRE

> *No volveré a tocarte.*
> *No te veré morir.*
> IDEA VILARIÑO

Sigue conmigo tu nombre
en la piel de la otra orilla
del recuerdo.

Entre mis manos,
el rictus
de una carta inacabada
y la sola firma de la ausencia.

PALABRA DEL AGUA

No.
No es tristeza lo que sienten,
sino emoción ante lo sublime.

La forma de sus lágrimas
es alegría tallada en belleza
cuando el cielo es oración
y el aire límpido
umbral de encuentros.

En la palabra del agua
dejan su estela de amor
y la forma de sus lágrimas.

Noche

Entre el gorrión y el pájaro sin nombre:
su presa.
La luz escapa por el intervalo.

PAUL AUSTER

Arrastrando las piernas
van despacio, muy despacio
al país de ningún Sitio,
a la ciudad de Nadie
en la orilla del río Nunca.

ADAM ZAGAJEWSKI

Herida luz

Cuando la vida avanza en el sentido del sinsentido
y no expresa la naturaleza de su realidad.

De esa mujer, dime

Ya basta de helarme de miedo...
ANNA AJMÁTOVA

De esa mujer, dime:
¿Cuántas veces la has gozado
sin pensar en algo más
que en los límites de tu deseo?

¿Cuántas veces la has mirado
sin querer advertir
la sombra de sus párpados
y su palabra rendida al dolor,
tenso zumbido de su agonía?

De esa mujer, dime:
¿Cuántas veces la has hecho morir?

INCOHERENCIA

Al calor de la lumbre
—en el exterior, nieva—
conversamos.

Con gran énfasis
me enseñas tus manos blancas,
símbolo de rechazo
hacia todo tipo de violencia.
No entiendo entonces
por qué hieres tanto
con el silencio,
la palabra,
el abandono.

Miro por la ventana y me pregunto
por qué las manos blancas de la nieve
—tan de silencio, tan de cristales—
caen sobre la tierra
y no la hieren.

Una mujer

La angustia es esa nada
que de pronto florece
en la oquedad.
CHANTAL MAILLARD

Una mujer,
cuerpo desvalido
de una vida en llanto,
contempla con ojos de sombra
la virginidad del mar.

Agua, aire, arena y tiempo
sobrevuelan
los límites de su existencia.

Sobre la línea del horizonte
escribe su último deseo:
Aquí, mi eternidad.

Oficio divino: *Completas.*

Damnificados

Cada esperanza tiene su memoria,
su sol de hierro, su llanto de exilio.
Giovanni Quessep

Sobre el gran ojo de la cerradura
cortinas de seda gris.
La araña que hila, devana y corta
empezó su labor cuando la casa
abrió sus puertas al exilio.

Antes de que las piedras hablaran.
Antes de que la traición escribiera con sangre
el rostro de los señalados.

Amargo peregrinar
por los caminos de la resistencia.

El lápiz

Un lápiz mordido dibuja una casa.

En la esquina de un papel
traza los lados de un polígono párvulo.
En él,
dos ventanas pequeñas sin flores,
una entrada pequeña sin puerta,
y un árbol sin hojas
que araña el rostro de la casa
sin tejado,
sin humo,
sin chimenea.

El lápiz deja su firma
en el camino de hierba
que no dibujó.

> ¡Silencio!
> Unas pupilas lloran.

MUJERES DE NEGRO

Conocí mujeres
envueltas en hábitos negros
de viudedad y hambruna de guerra.

Conocí madres arrodilladas
ante el altar de la opulencia
rogando
—con sus manos de frío, agua y arena—
clemencia para sus hijos
por unas monedas de sucio papel.

Conocí el valor de la humildad
en el orgullo de su piel curtida
por silencios de carbón,
en el llanto contenido de sus ojos,
en el andar quedo de las almas heridas
cuyo dolor supura.

Reconozco mujeres
envueltas en aquellos hábitos negros
ante la indiferente mirada del tiempo.

En el aire, lágrimas contenidas.

MANTIS

Es un árbol
con fronda y flores de primavera.
Es una mariposa azul
volando las flores blancas de la fronda.
Es un ser exhausto
que busca reposo en una hoja verde.
Es una hoja verde
que no es hoja
sino mantis
que finge
ora
dispara
y mata.

Es la doctrina del fanatismo
que vive de dar muerte al inocente.

Refugiado

El cuerpo del hombre
que se ovilla en un rincón del parque
no quiere saber.
Ya supo,
es víctima.

Ante los ojos abiertos de los árboles
pasan de largo las hojas,
los murciélagos,
y la sangre helada de algún humano.

¿Alguien dijo piedad?

Los olvidados

La vida de los olvidados
duerme para los demás
sepultada en sus conciencias.

GRANDEZA

En la ruina de la soledad
—donde las rosas se marchitan—
hay seres capaces de crear vida
dentro del abandono.

Al resguardo de lo que hiere,
dejan siempre
un resquicio de luz
—entre los altos muros del silencio—
a la misericordia.

El silencio no es un espacio vacío.
Tampoco la eternidad.

Ofrendas

En este libro hay una serie de poemas dedicados a personas muy queridas por mí y que, de una u otra manera, han sido relevantes en el proceso creativo del mismo. A todas ellas mi abrazo y gratitud.

Se trata de la vida es una oración de amor dedicada a Jesús B. S.

Magníficat, un canto al asombro de la vida, es para María Jesús Mingot.

Preludio está dedicado a Carmen Aguado y su luminosa luz.

El *Concierto nº 3 de Rachmaninov* no tiene más nombre que el del maestro Antonio Daganzo.

Nada perdió su nombre guarda intacta la memoria del amor y del origen, y está dedicado a mis padres y hermanos.

Un columpio entre cerezos, que representa un vuelo de inocencia, es para María Jesús Beristain.

Canción en tres tankas es interpretada por mi nieta Cloe, a ella le pertenece el poema y la ternura.

Pastoral busca refugio en Azucena y Máximo; su música campestre es redención.

Los sones de *Viola de amor* están dedicados a mis hijos.

Presentimiento está dedicado a la memoria de Pedro G., amigo del caminante, del molino y de las rosas.

En *Palabra del agua* se reflejan los nombres de Curro y Blanca.

Índice

Crepúsculo

Celaje